Vorwort

Während die Sonne ihre Strahlen ausbreitet und den letzten Schnee von den Bäumen schmilzt, erscheinen auch die ersten Blumen wieder und kündigen den Frühling an. Zuerst die Schneeglöckchen, dann die Narzissen, Hyazinthen, Krokusse und Tulpen und schließlich die Osterglocken. Langsam aber sicher erkämpfen sie sich ihren Weg durch die Erdoberfläche und lassen ganze Felder in einem einzigartigen Blütentraum erstrahlen.

Vor allem der Sommer bringt eine riesige Artenvielfalt mit sich und verbreitet dabei den lieblichen Blumenduft in der sommerlichen Wärme. Ob Rosen, Lilien, Hortensien oder Gladiolen, viele verschiedene Blumenarten verschönern Straßen, Felder und Mauern.

In diesem Buch findest du handgezeichnete und liebevoll erstellte Illustrationen mit verschiedenen Blumenmotiven zum Ausmalen und Gestalten. Neben Postkarten mit schönen Blumenmustern lassen sich mit diesem Buch auch viele weitere tolle Kreationen, wie Girlanden, Windlichter, kleine Geschenke und Dekorationen herstellen.

Die ersten Seiten geben dir dabei hilfreiche Tipps und Tricks, wie du die wunderschönen Motive am besten ausmalen kannst und bieten Informationen über Farbenlehre, Farbwirkung und die richtigen Materialien. Such dir einfach eines der vielen Motive aus und lasse deiner Kreativität freien Lauf!

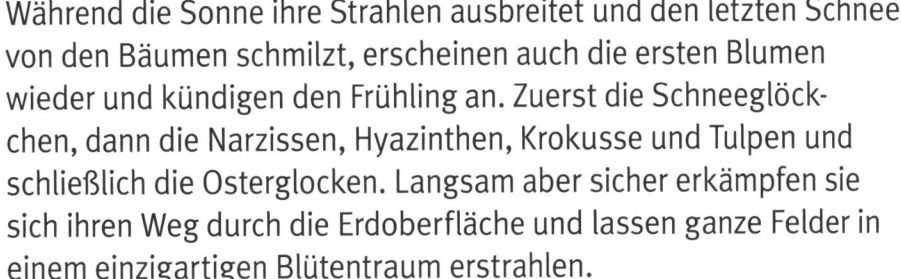

Material
Farbstifte

Farbstifte, auch Buntstifte genannt, gibt es in unterschiedlichen Größen, Dicken und Härten.

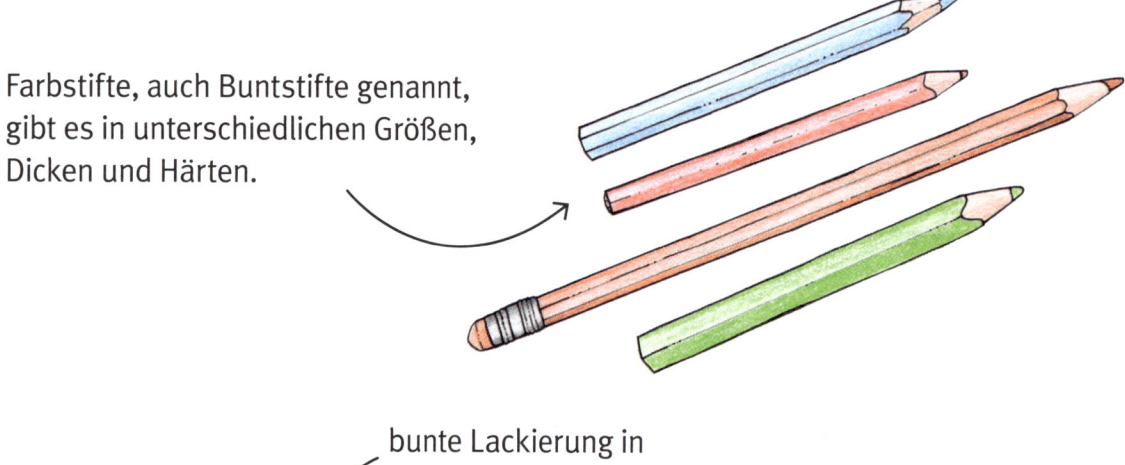

bunte Lackierung in der jeweiligen Farbe

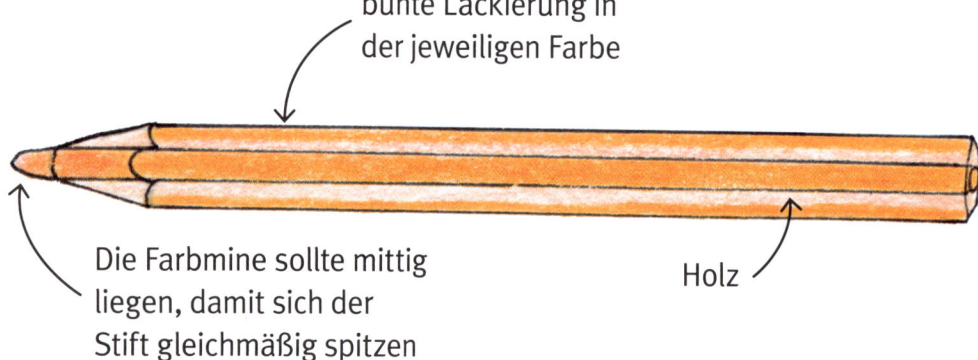

Die Farbmine sollte mittig liegen, damit sich der Stift gleichmäßig spitzen lässt

Holz

Die Pigmente, aus denen die Farbmine hergestellt wird, werden aus Tonerde, Metallen, Pflanzen, Gestein oder synthetisch gewonnen.

Mit Fett, Ton, Wachs, Talkum und verschiedenen Bindemitteln vermischt, wird die Masse anschließend gepresst und getrocknet.

TOPP

COLOR
& Cut

BLUMEN

DER AUSMALBLOCK
ZUM AUSSCHNEIDEN
UND VERSCHENKEN

Aquarellstifte

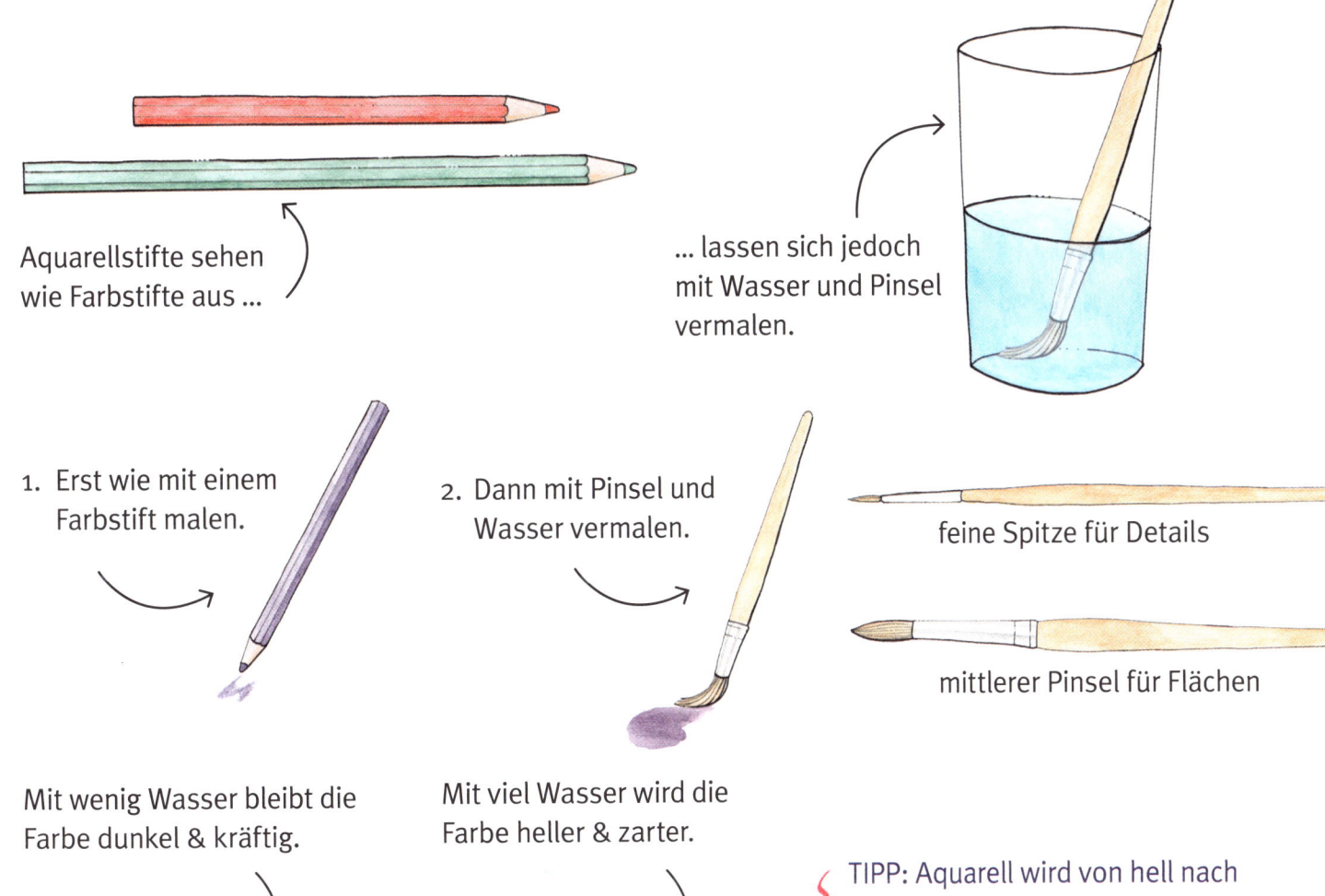

Aquarellstifte sehen wie Farbstifte aus ...

... lassen sich jedoch mit Wasser und Pinsel vermalen.

1. Erst wie mit einem Farbstift malen.

2. Dann mit Pinsel und Wasser vermalen.

feine Spitze für Details

mittlerer Pinsel für Flächen

Mit wenig Wasser bleibt die Farbe dunkel & kräftig.

Mit viel Wasser wird die Farbe heller & zarter.

TIPP: Aquarell wird von hell nach dunkel gemalt. Weiße Stellen werden einfach leer gelassen. Es lohnt sich also, zu Beginn Schatten- und Lichtseiten zu definieren.

Farbauftrag
Kräftig & Zart

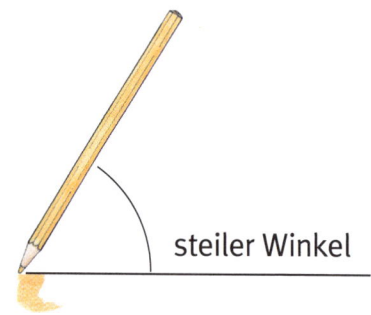

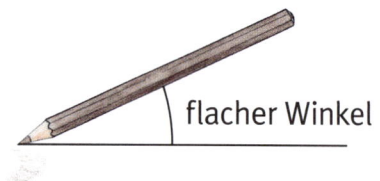

flacher Winkel

steiler Winkel

Flacher Winkel

Steiler Winkel

Bei einem flachen Winkel ist weniger Druck möglich. Die Farbe ist heller.

Bei einem steilen Winkel kann mehr Druck ausgeübt werden. Die Farbe wird kräftiger.

Mit zunehmendem Druck wird die Farbe kräftiger.

   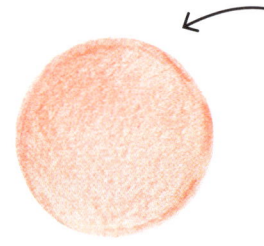

Wenn du mit sanftem Druck mehrere Schichten übereinander malst, erhältst du mehr Tiefe.

TIPP: Je weiter vorne du den Stift hältst, desto leichter kannst du feine Details malen.

Von transparent bis deckend

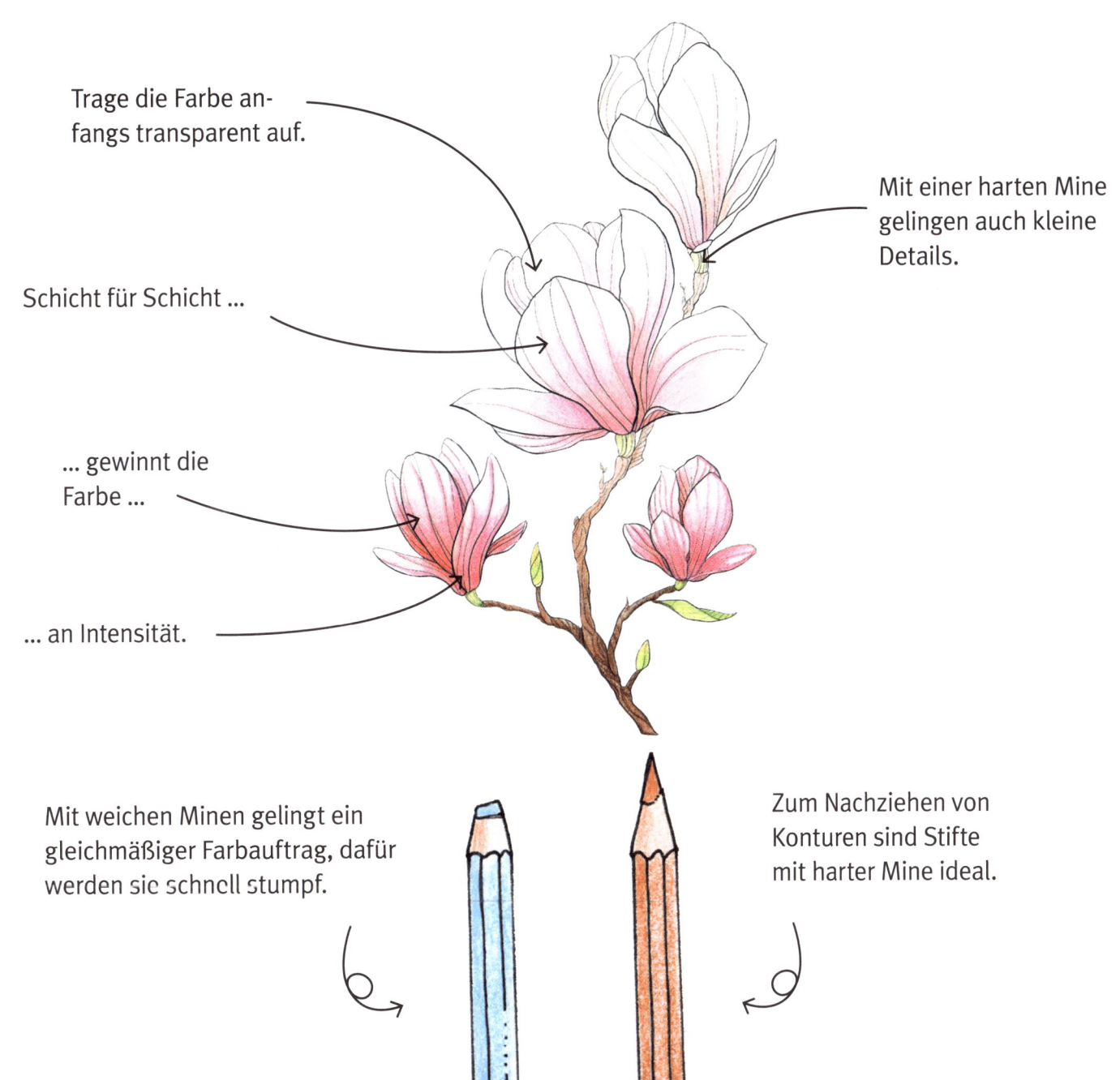

Trage die Farbe anfangs transparent auf.

Schicht für Schicht …

… gewinnt die Farbe …

… an Intensität.

Mit einer harten Mine gelingen auch kleine Details.

Mit weichen Minen gelingt ein gleichmäßiger Farbauftrag, dafür werden sie schnell stumpf.

Zum Nachziehen von Konturen sind Stifte mit harter Mine ideal.

Kleine Farbenlehre
Primär- und Sekundärfarben

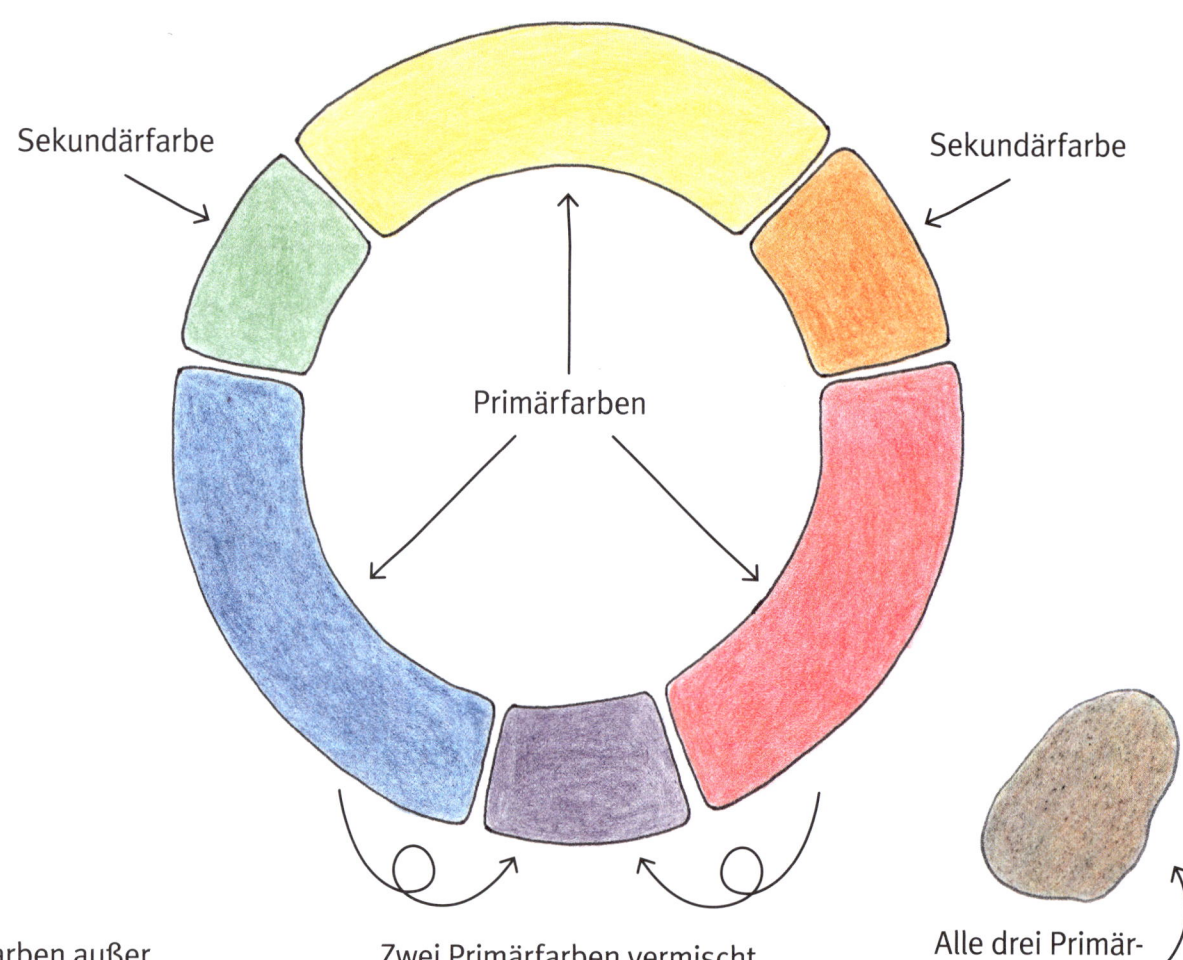

Sekundärfarbe

Sekundärfarbe

Primärfarben

Alle Farben außer Schwarz, Weiß und Erdtöne lassen sich aus den Primärfarben mischen.

Zwei Primärfarben vermischt ergeben eine Sekundärfarbe.

Alle drei Primär-farben vermischt ergeben ein dunkles Grau.

Komplementärfarben

Farben, die sich im Farbkreis gegenüberstehen, nennt man Komplementärfarben.

TIPP: Direkt nebeneinander ergeben Komplementärfarben einen Farbkontrast. Das wirkt z.B. belebend.

Der Komplementärkontrast ist der stärkste Farbkontrast.

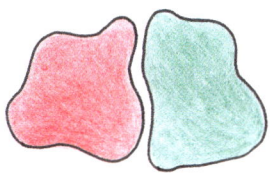

Rot & Grün

Gelb & Lila

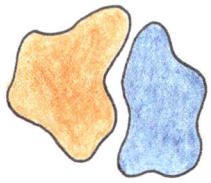

Orange & Blau

TIPP: Für ein harmonisches Bild mischst du die Farben am besten im Verhältnis 1:3.

Farben mischen
Farben übereinanderlegen

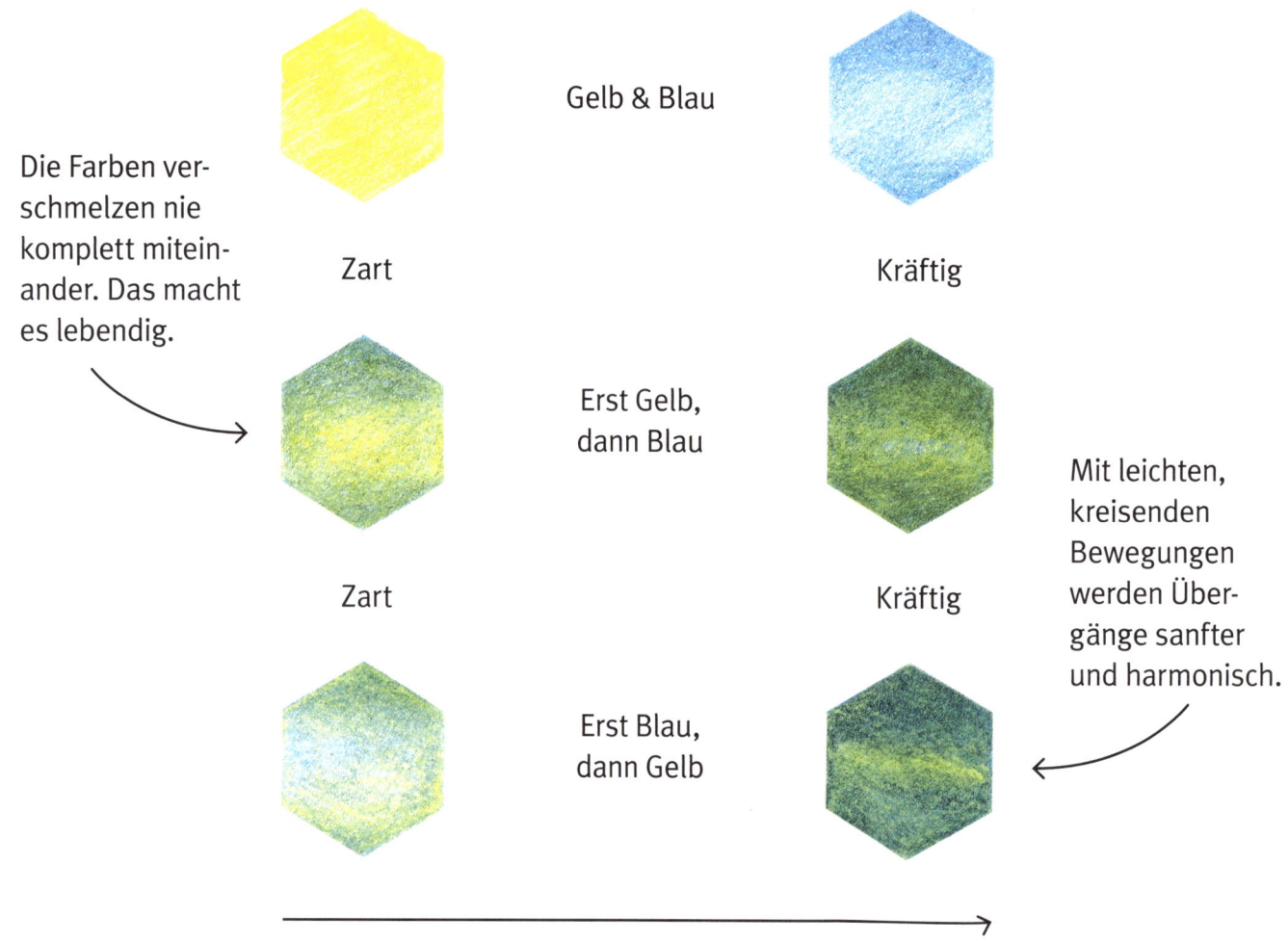

Gelb & Blau

Die Farben ver-
schmelzen nie
komplett mitein-
ander. Das macht
es lebendig.

Zart

Kräftig

Erst Gelb,
dann Blau

Mit leichten,
kreisenden
Bewegungen
werden Über-
gänge sanfter
und harmonisch.

Zart

Kräftig

Erst Blau,
dann Gelb

Arbeite am besten von hell (sanft) nach dunkel (kräftig).

Farbwirkung
Warme & Kalte Farben

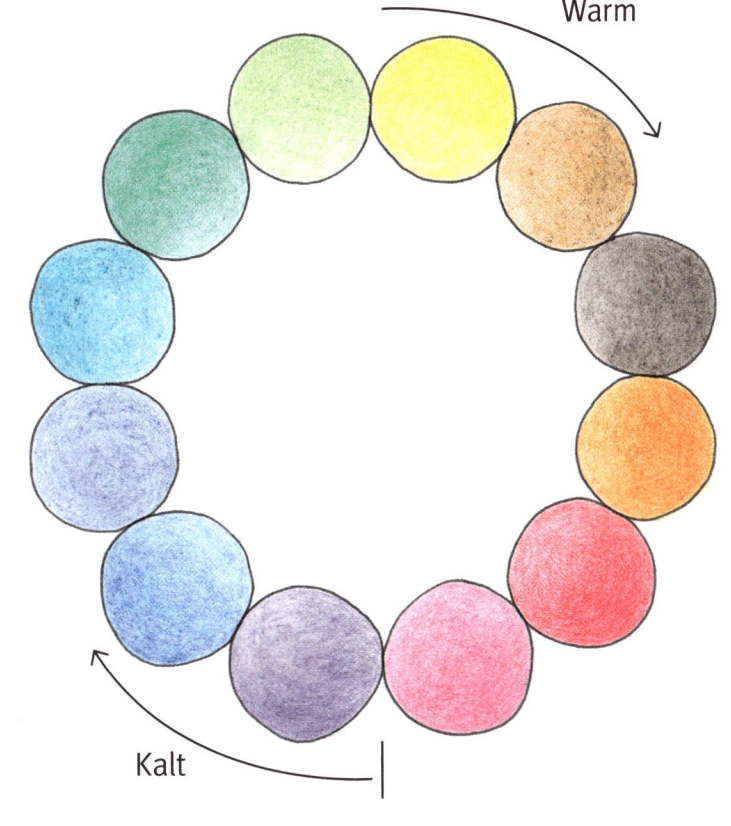

Warm

Kalte Farben wirken ruhig und distanziert.

Warme Farben wirken lebendig und anregend.

Kalt

Kalte Farben lassen sich „aufwärmen".

 kalte Farbe auftragen

 warme Farbe leicht darüber arbeiten

Ebenso lassen sich warme Farben „abkühlen".

 warme Farbe auftragen

 kalte Farbe leicht darüber arbeiten

Bildtiefe & Dreidimensionalität

Licht und Schatten machen ein Motiv plastisch und lebendig.

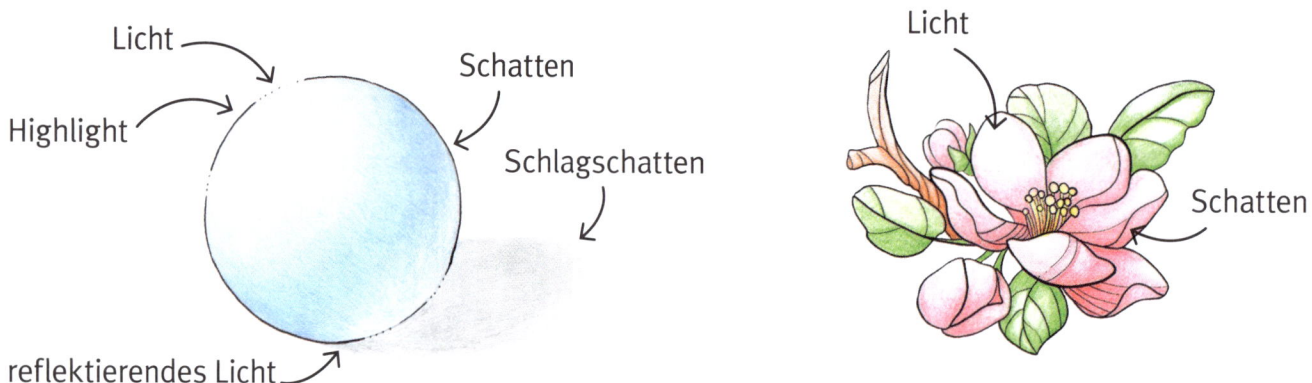

Licht

Highlight

Schatten

Schlagschatten

reflektierendes Licht

Licht

Schatten

Glanzlichter

Glanzlichter machen ein
Bild lebendiger und heller.

Sobald ein Objekt im Licht
ist, gibt es Lichtreflexionen,
also kleine, helle Stellen.

Polieren

Durch das Polieren werden die Farbflächen glatt und gleichmäßig. Es gibt verschiedene Werkzeuge, die sich als Hilfsmittel eignen. Hier eine Übersicht:

Farbloser Polierstift

Intensiver Glanz

Weißer Farbstift

Heller, pastelliger Farbton

Papierwischer

Gezieltes Verwischen möglich

1. Ausmalen, Glanzlichter weiß lassen.

2. Polieren, verwischte Stellen säubern und zum Schluss Ränder nachziehen.

Dekorative Effekte

Mit Buntstiften kann man noch viele weitere Effekte erzielen, die nicht immer realistisch sein müssen.

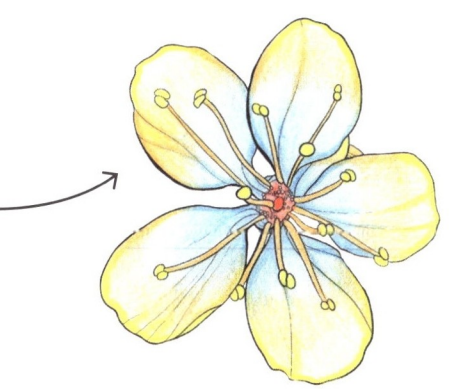

Hier wurde mit dem Kalt-Warm-Kontrast gespielt. Außerdem wurde der Hintergrund zart gemalt und die Konturen mit Druck nachgezogen und betont.

Briefumschlag-Dekoration

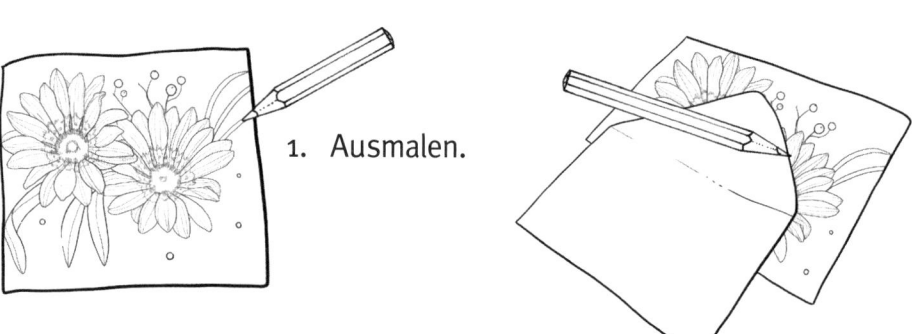

1. Ausmalen.

2. Zeichne den Rand des Umschlags nach, den du dekorieren möchtest.

3. Schneide ca. 3 mm weiter innen an der vorgezeichneten Linie entlang, damit es ein bisschen kleiner als der Umschlag ist.

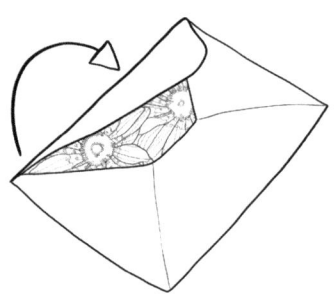
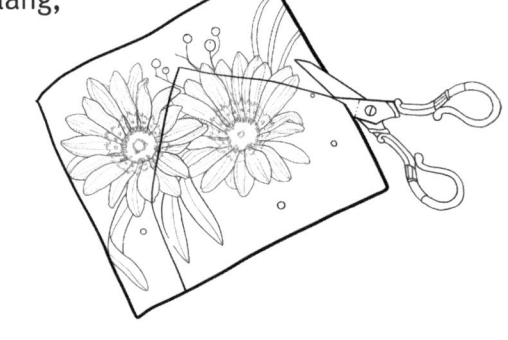

4. Schiebe das Blatt in den Briefumschlag und schließe ihn.

5. Klebe das Blatt an den Umschlag und presse beides zusammen.

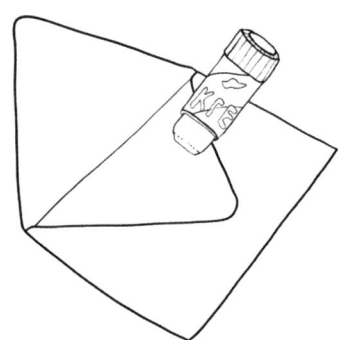
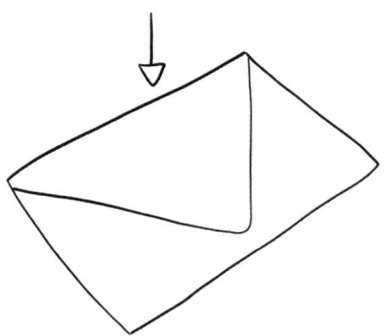
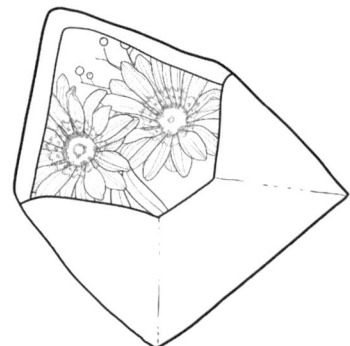

Postkarte

passend zum
Umschlag

PostKarte

passend zum
Umschlag

Girlande

1. Ausmalen.

2. Umrisse ausschneiden.

3. Die Blüten an den Blättern mit Kleber befestigen.

4. Entweder an jeder Seite ein Band durchfädeln oder von hinten einen breiten Pappstreifen ankleben.

PostKarte

Deko-Orchidee

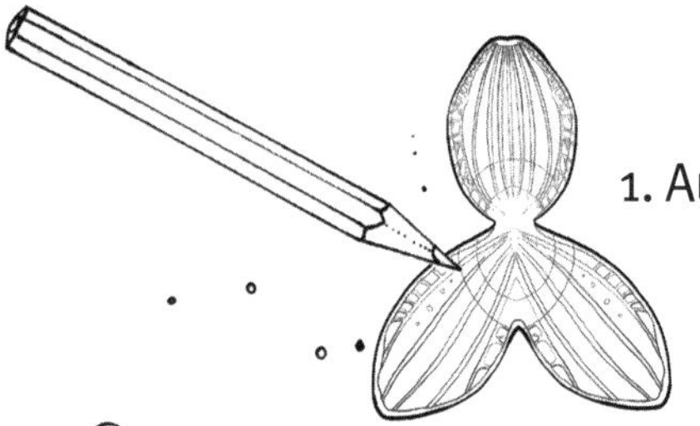

1. Ausmalen.

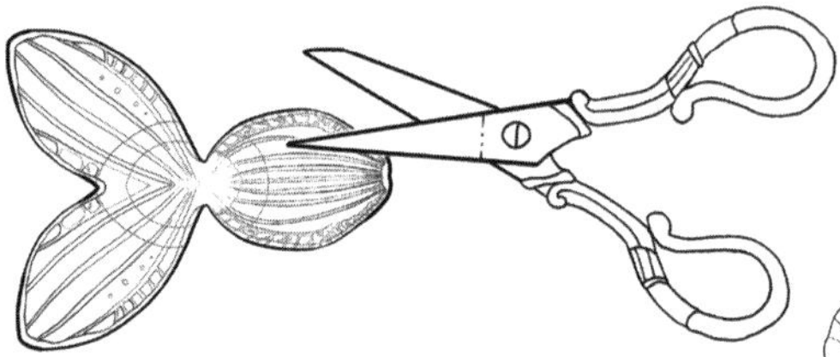

2. Umrisse ausschneiden.

3. Die Kanten der Blätter nach oben biegen und alle Teile zusammenkleben.

Tipp: Mit einer kleinen, auf der Rückseite angeklebten Wäscheklammer lässt sich die Orchidee immer wieder verwenden, z.B. als Geschenkverzierung.

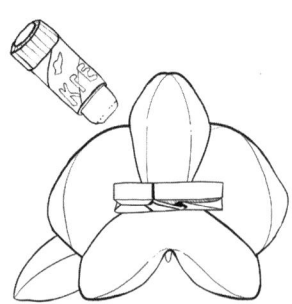

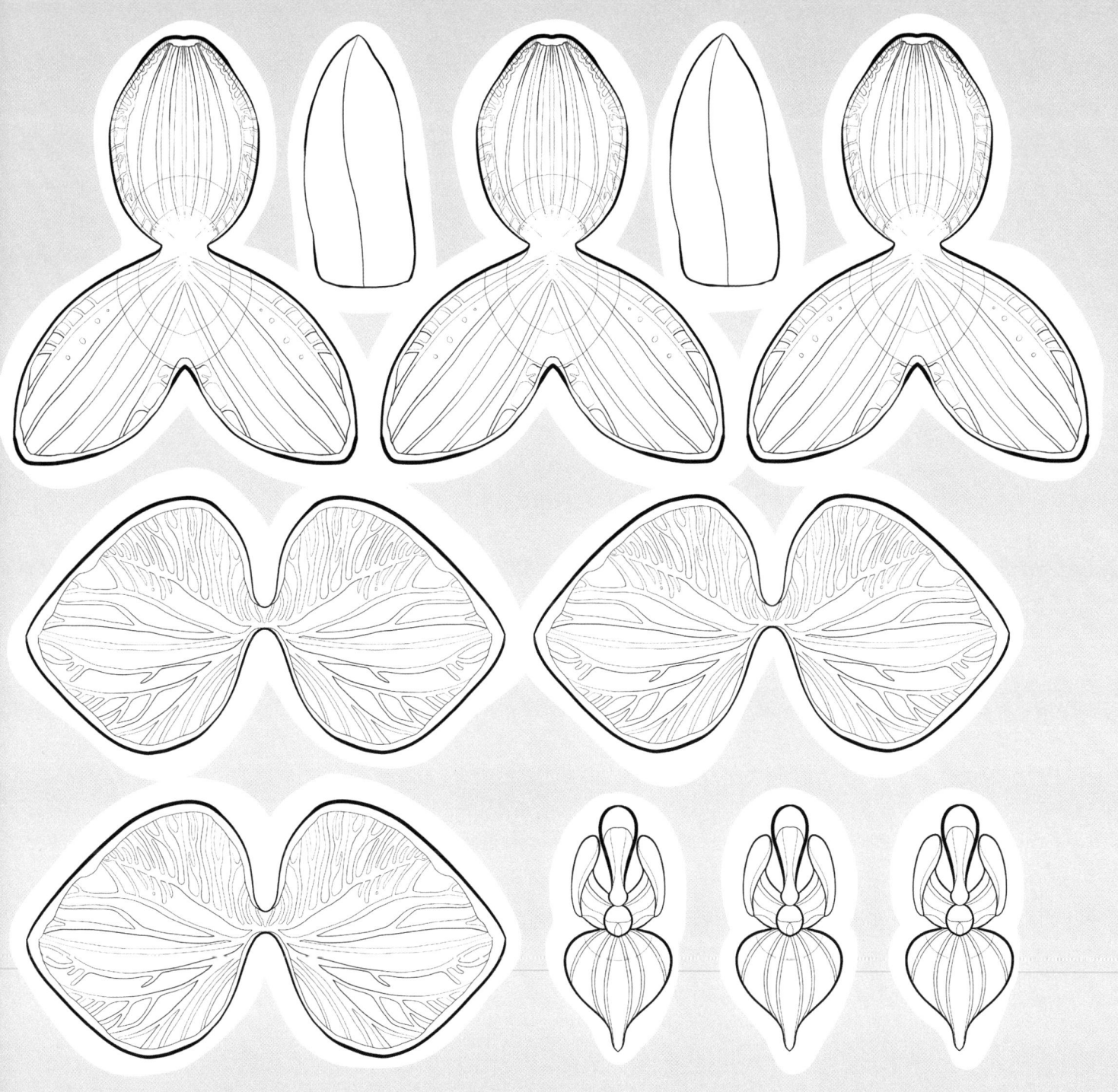

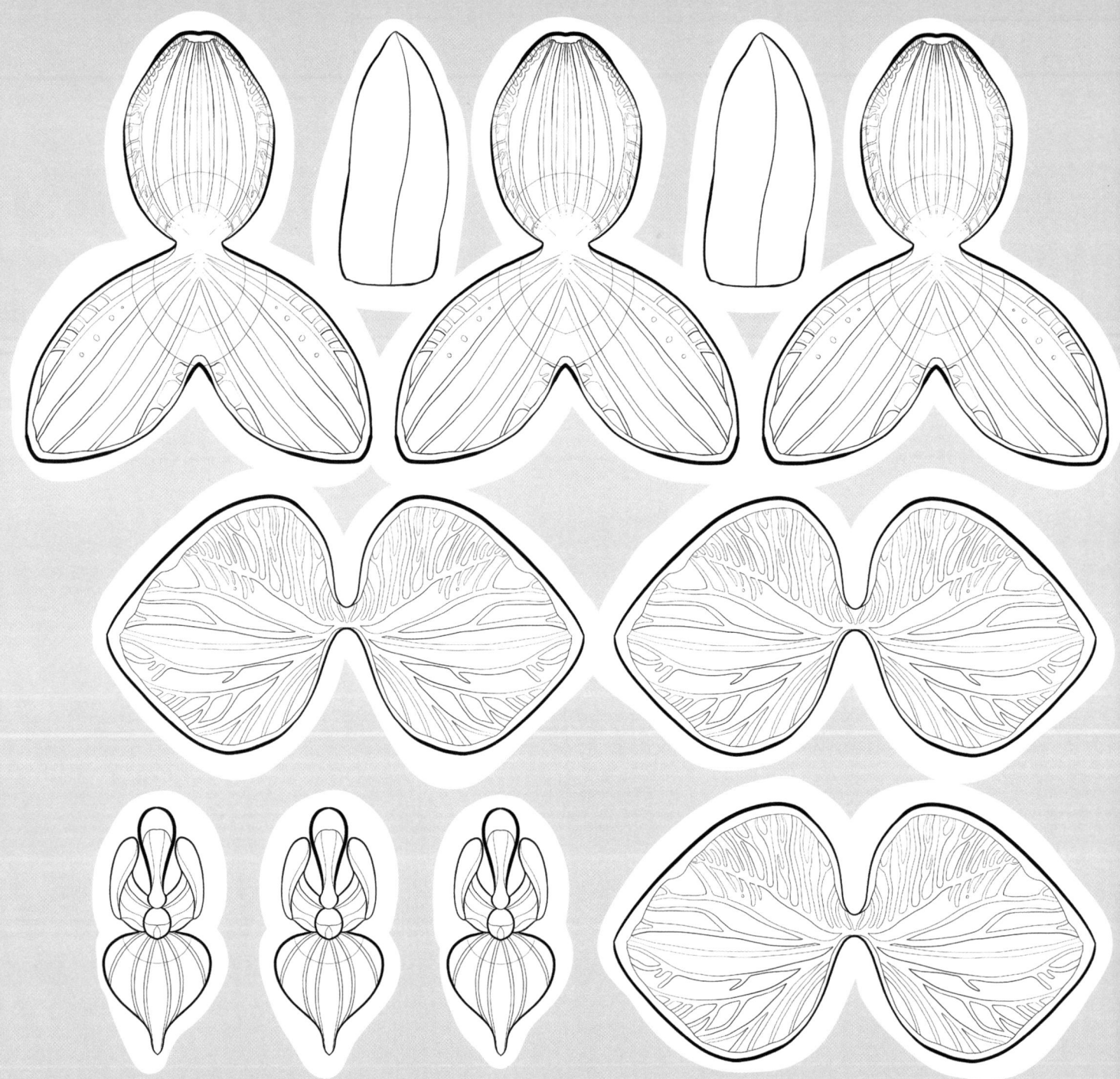

Windlicht

1. Ausmalen.

2. Umrisse ausschneiden. Die gestrichelten Linien in der Mitte vorsichtig mit einem Cutter einschneiden.

3. Die kleineren Blütenblätter auf die größeren kleben. Dabei nur den mittleren Teil mit Kleber bestreichen und danach die Kanten nach oben biegen.

4. Die Spitzen der Dreiecke nach unten falten und anschließend auf die Hälfte kürzen.

5. Ein LED-Teelicht in die Mitte stecken.

Pop-Up-Karte

1. Ausmalen. Dabei jeweils das leere Blütenblatt auslassen.

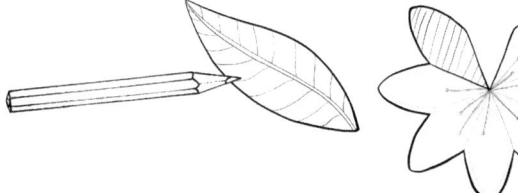

2. Umrisse ausschneiden.

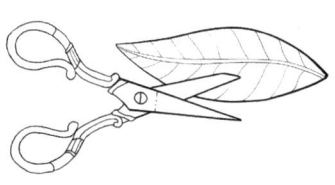

3. Das weiße Blütenblatt unten an dem letzten Blütenblatt festkleben. Dann die sieben Blüten in der Mitte zusammenfalten.

4. Die Blüten wie dargestellt zusammenkleben.

a.

b.

c.

d.

5. Die Blätter beidseitig an die Rückseiten der Blüten kleben.

6. Die Blüten nun in die Mitte des Umschlags kleben.

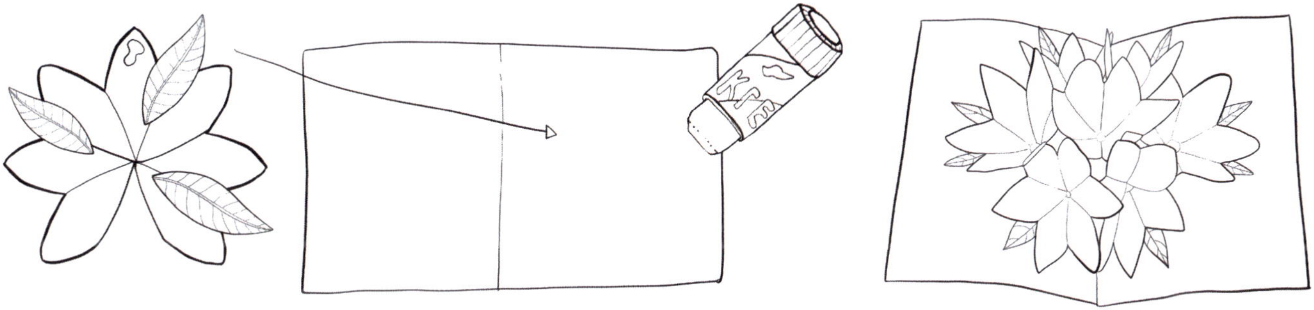

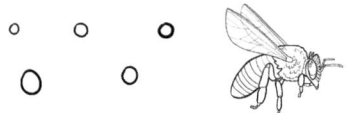

Blumenring

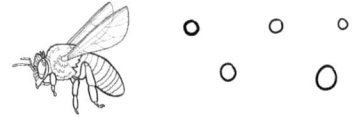

1. Ausmalen.

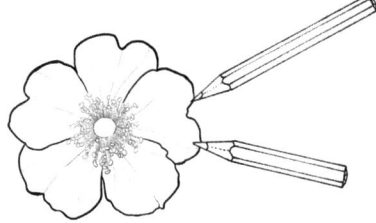

3. Die Blüten und Blätter auf den Ring kleben.

2. Umrisse ausschneiden.

4. Zum Aufhängen ein Band um den Ring binden.

Fächer

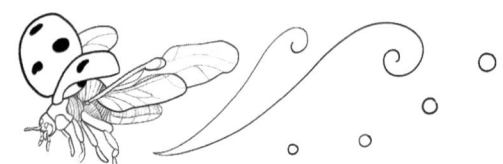

1. Ausmalen.

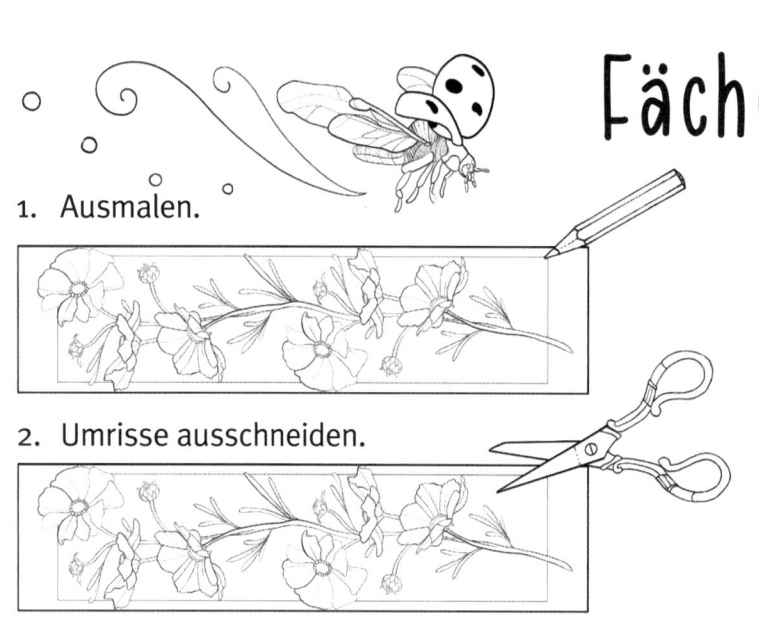

2. Umrisse ausschneiden.

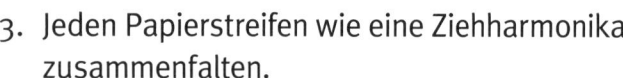

3. Jeden Papierstreifen wie eine Ziehharmonika zusammenfalten.

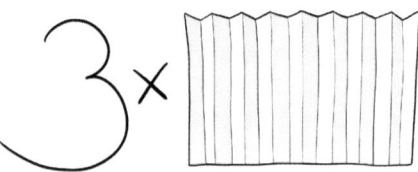

4. Die drei Papierstreifen an den Enden zu einem langen Papierstreifen zusammenkleben.

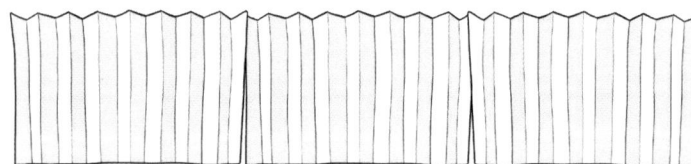

5. Den langen Papierstreifen zusammenfalten und das Ende mit einem ca. 1 cm breiten Klebestreifen zusammenkleben.

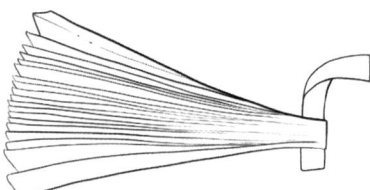

6. Zwei feste Stücke Karton oder Holz in der passenden Größe an die Außenseite des Pappstreifens kleben.

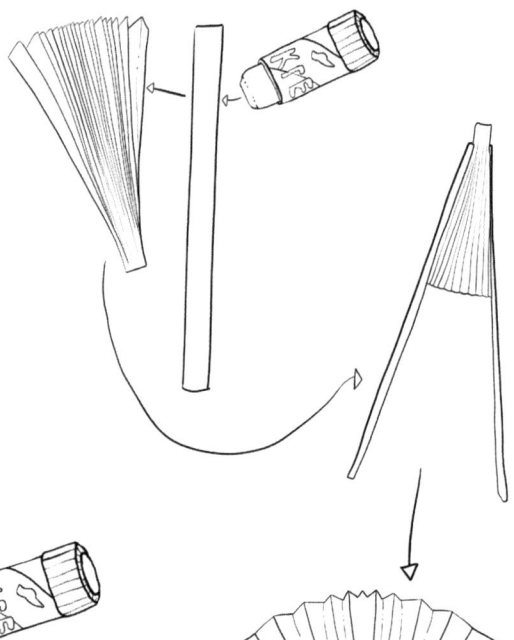

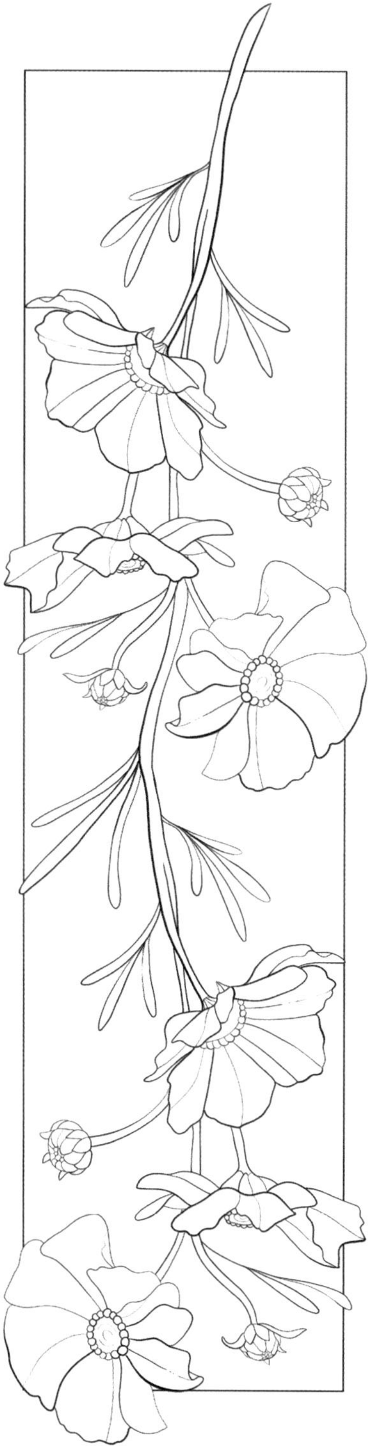
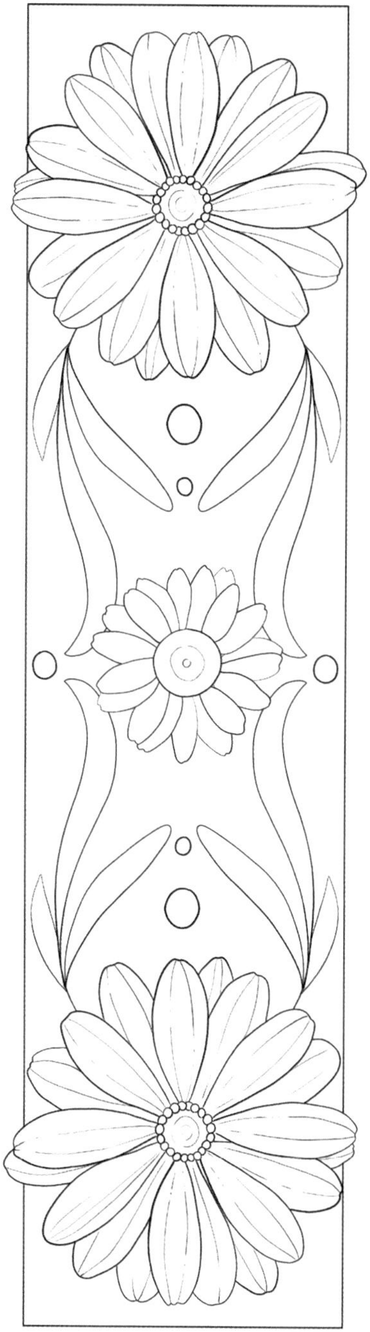
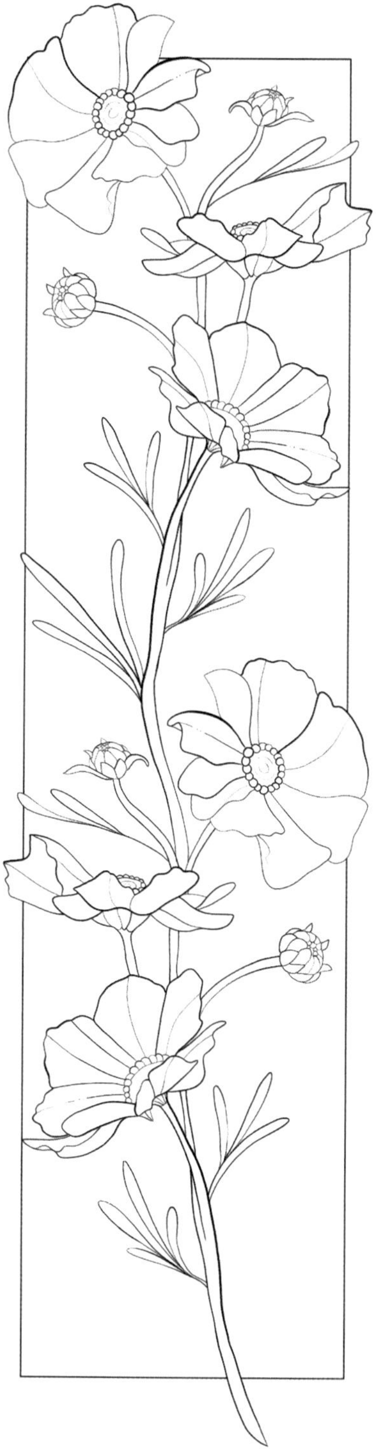

Fenster-Dekoration

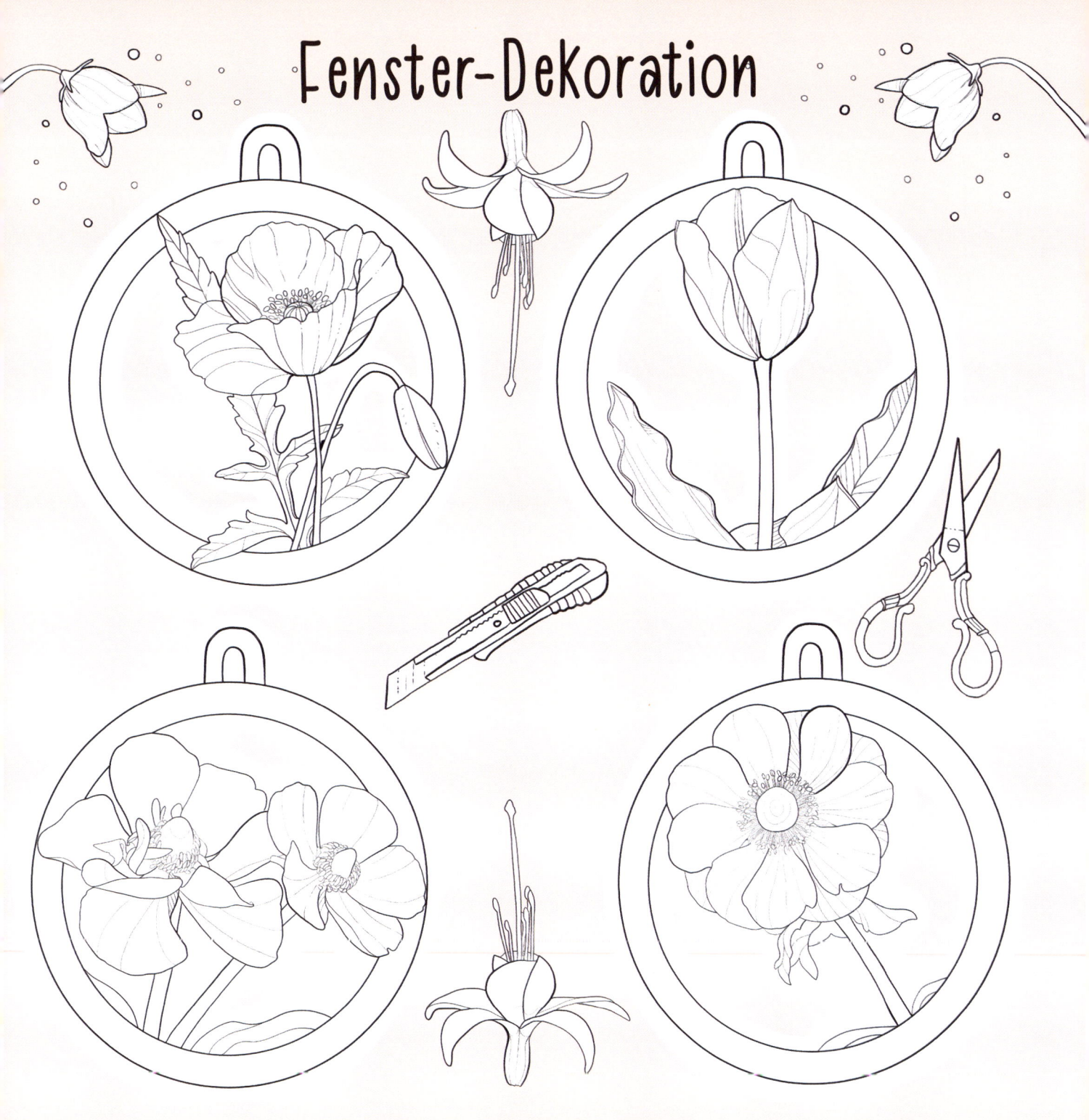

PostKarte

Geschenkanhänger

1. Ausmalen.

2. Umrisse ausschneiden.

3. Kordel durchfädeln.

Blumentopf-Karte

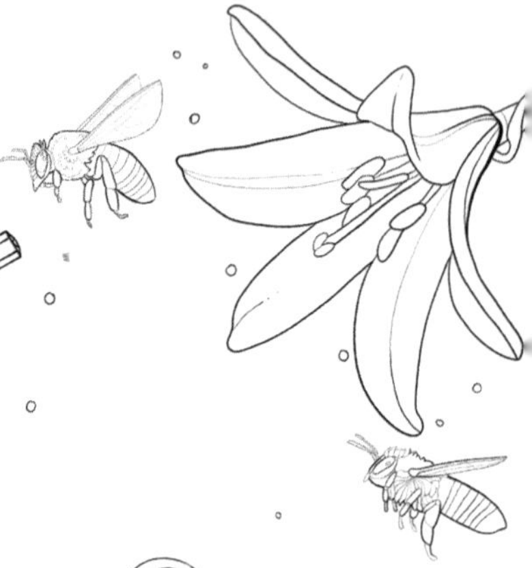

1. Ausmalen.

2. Umrisse ausschneiden.

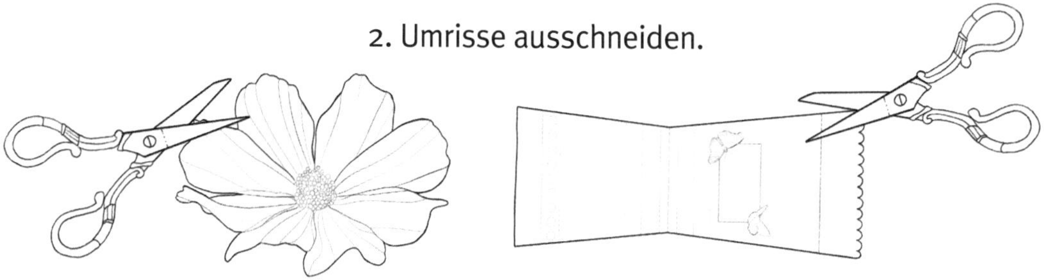

3. An der Innenseite des Topfes seitlich einen dünnen Klebestreifen ziehen und die gestrichelten Linien wie abgebildet falten. Danach die Lasche an der Vorderseite des Topfes mit Kleber befestigen.

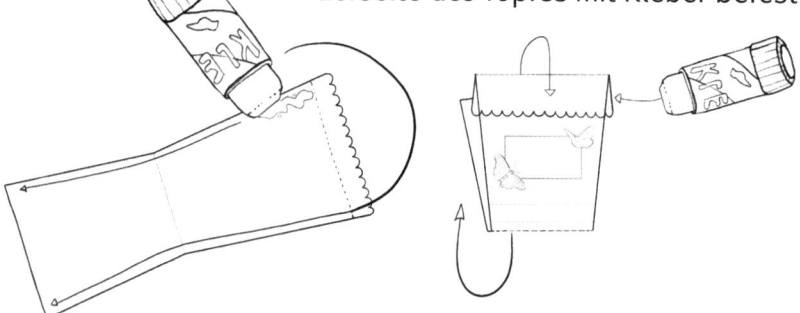

4. Die Blumen auf die Karte kleben. Dabei darauf achten, nicht den unteren Teil der Blüten zu verkleben, um sie später über den Topf stecken zu können.

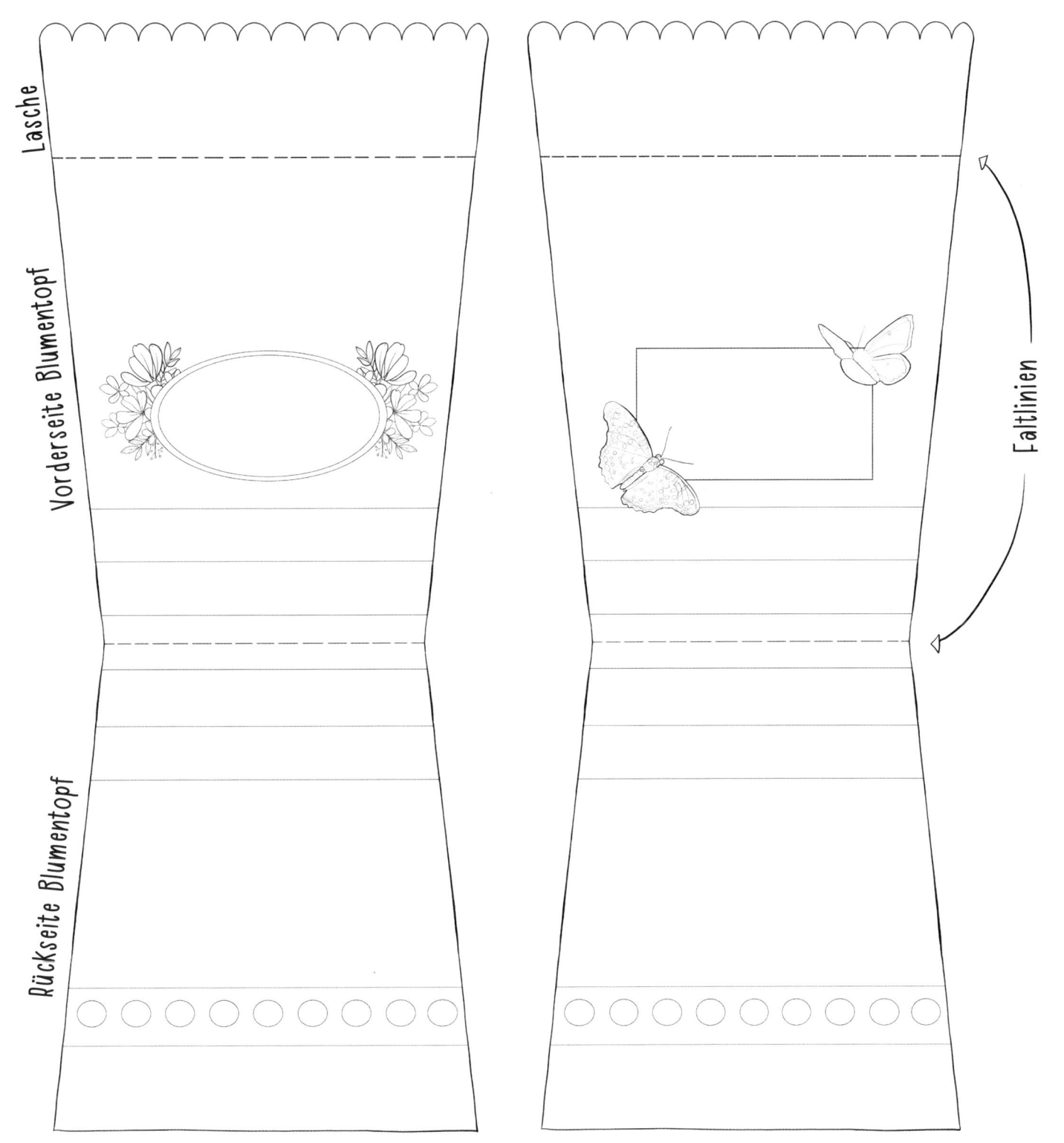

Lasche

Vorderseite Blumentopf

Rückseite Blumentopf

Faltlinien

Karte

Karte

Falt-Box

1. Ausmalen.

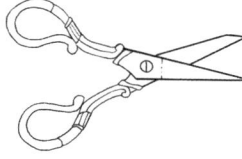

2. Umrisse ausschneiden.

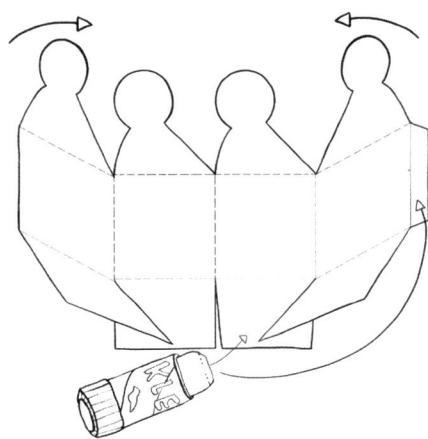

3. An den gestrichelten Linien falten. Seitenlasche und Boden kleben.

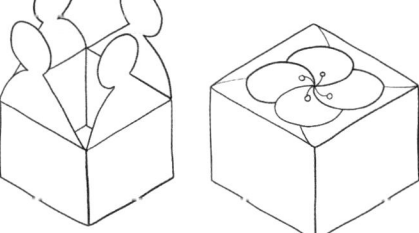

Windrad

1. Ausmalen.

2. Umrisse ausschneiden.

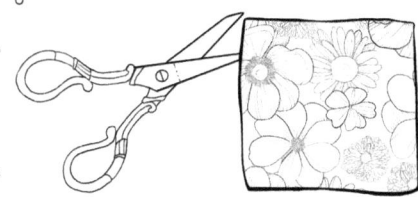

3. Diagonal falten und wieder auseinander falten.

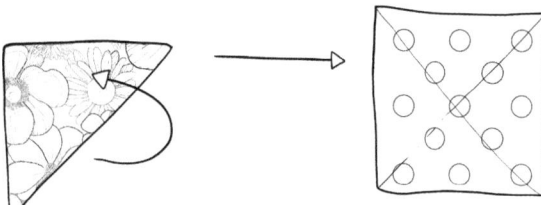

4. Von den Ecken aus etwa bis zur Hälfte einschneiden.

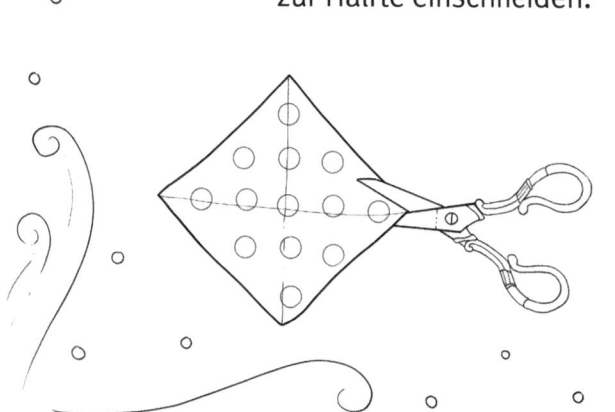

5. Die Spitzen bis zum Mittelpunkt falten und festkleben.

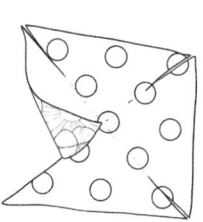 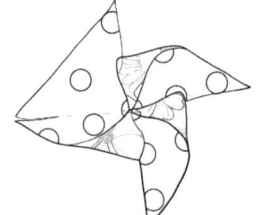

6. Das Windrad mithilfe einer Reißzwecke an einen Stock pinnen.

TIPP: Damit sich das Windrad besser dreht, kann auch ein Nagel statt der Reißzwecke verwendet werden.

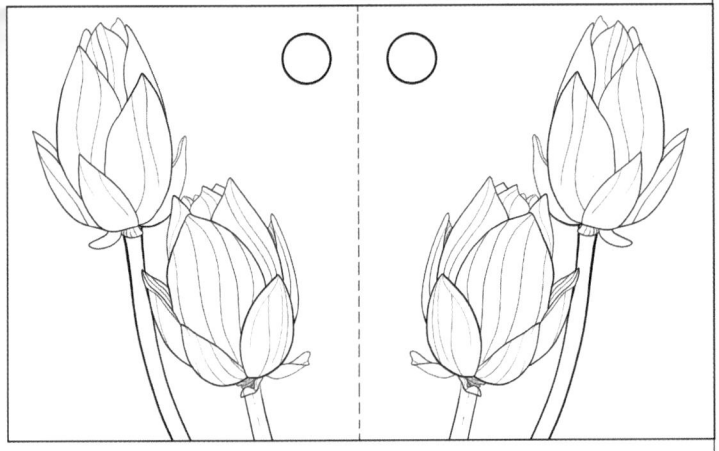

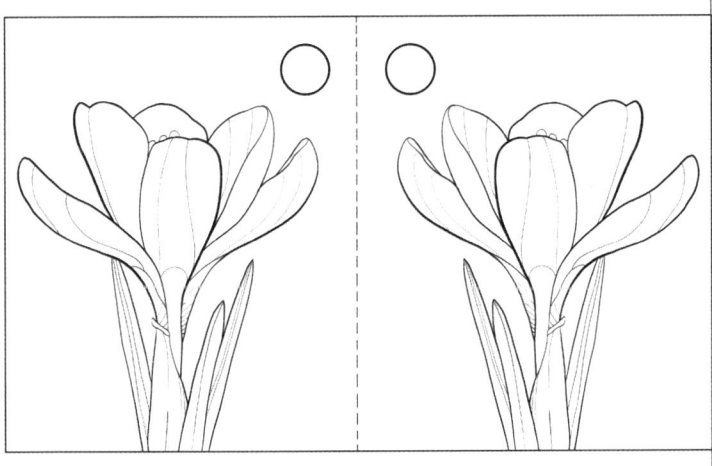

Geschenkanhänger

1. Ausmalen.

2. Umrisse ausschneiden.

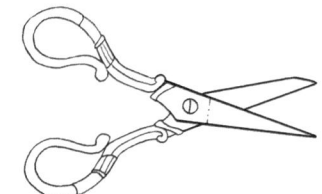

3. An der gestrichelten Linie falten.

4. Ein Band durch die Öffnung ziehen.

PostKarte

PostKarte

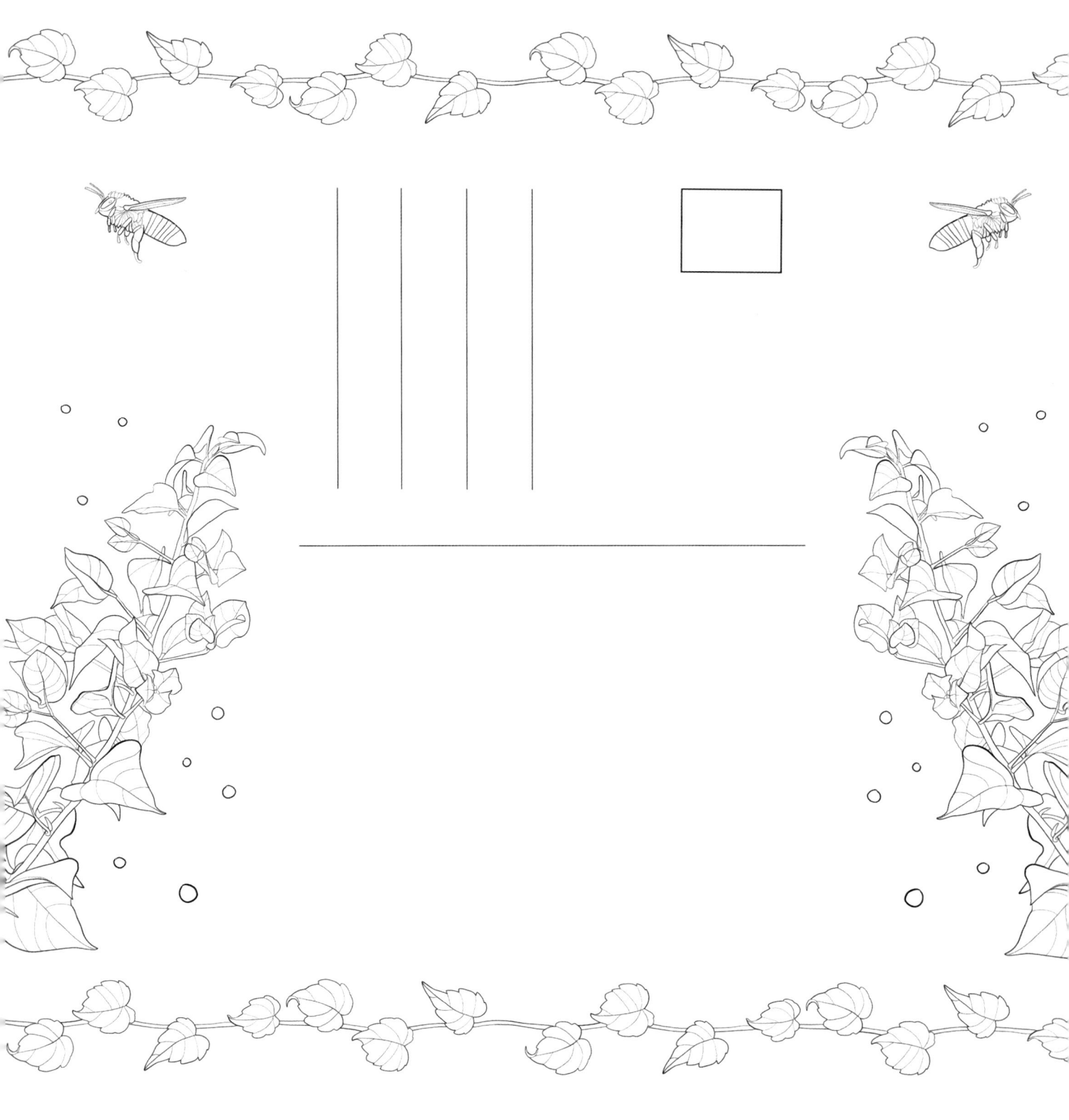

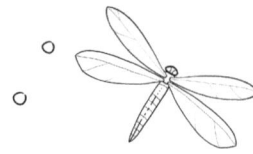

Blüten-Dekoration

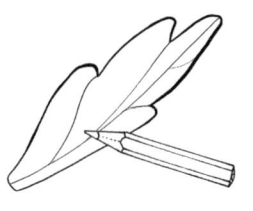

1. Ausmalen.

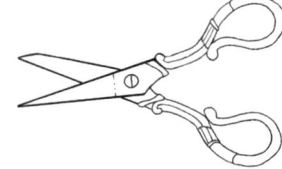
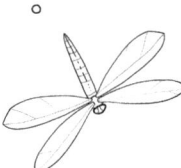

2. Umrisse ausschneiden.

3. Die großen Blütenblätter anrunden (dafür z.B. einen runden Stift verwenden).

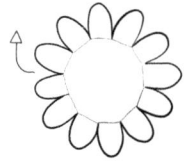

4. Die inneren Blätter vorsichtig nach oben falten.

5. Alles wie abgebildet zusammenkleben.

Origami-Lesezeichen

1. Ausmalen.

2. Ausschneiden.

3. Papier diagonal in der Mitte falten.

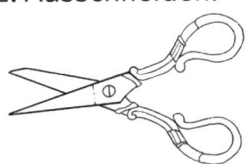

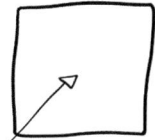

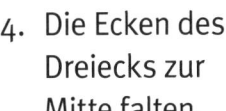

4. Die Ecken des Dreiecks zur Mitte falten.

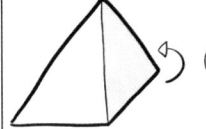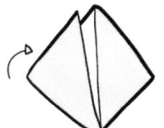

5. Wieder auseinanderfalten.

6. Die oberste Spitze des Dreiecke zur unteren Kante falten.

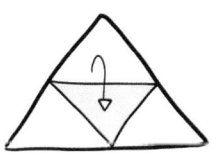

Origami-Lesezeichen

7. Die äußeren Ecken des Dreiecks nach innen falten und dabei die Spitzen in die entstandene Tasche schieben.

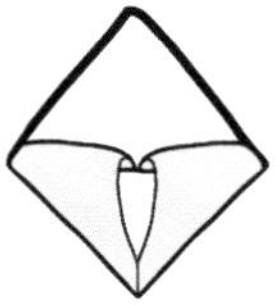

8. Festdrücken. Das Lesezeichen kann nun auf die Ecke einer Buchseite gesteckt werden.

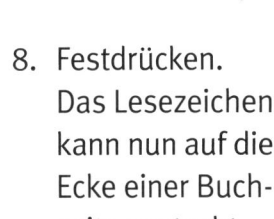

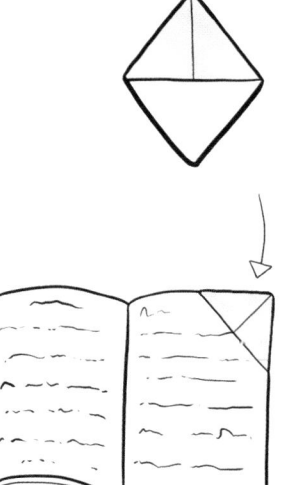

Blüten-Faltbox

1. Ausmalen.

2. Ausschneiden.

3. An den gestrichelten Linien falten.

4. Die Laschen innen mit Kleber bestreichen und festkleben.

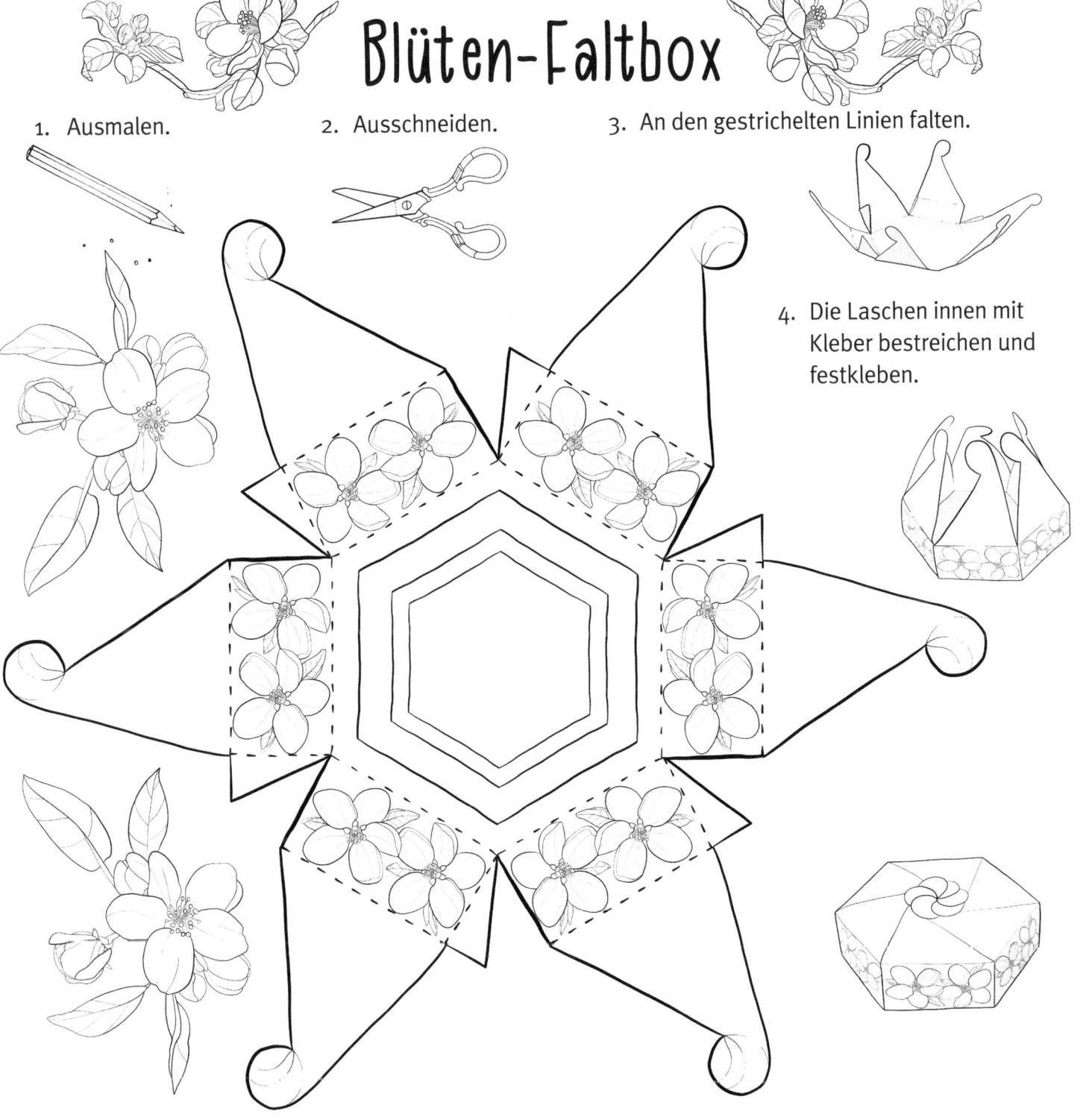

Impressum

Illustrationen und Anleitungen: Mila Dierksen

Produktmanagement und Lektorat: Seline Gwinn

Cover: Melanie Herrmann

Herstellung/Satz: Heike Köhl

Druck und Bindung: Drukarnia Interak Sp. z o.o.

Materialangaben und Arbeitshinweise in diesem Buch wurden von der Autorin und den Mitarbeiter:innen des Verlages sorgfältig geprüft. Eine Garantie wird jedoch nicht übernommen. Das Werk und die darin gezeigten Modelle sind urheberrechtlich geschützt. Die Vervielfältigung und Verbreitung ist, außer für private, nicht kommerzielle Zwecke, untersagt und wird zivil- und strafrechtlich verfolgt. Dies gilt insbesondere für eine Verbreitung des Werkes durch Fotokopien, Film, Funk und Fernsehen, elektronische Medien und Internet sowie für eine gewerbliche Nutzung der gezeigten Modelle. Bei Verwendung im Unterricht und in Kursen ist auf dieses Buch hinzuweisen.

1. Auflage 2023

© 2023 frechverlag GmbH, Dieselstr. 5, 70839 Gerlingen, einem Unternehmen der Penguin Random House Verlagsgruppe GmbH, München

ISBN: 978-3-7358-8054-3 Best.-Nr. 28054

MIX
Papier aus verantwortungsvollen Quellen
FSC® C015559

Penguin Random House Verlagsgruppe
FSC® N001967

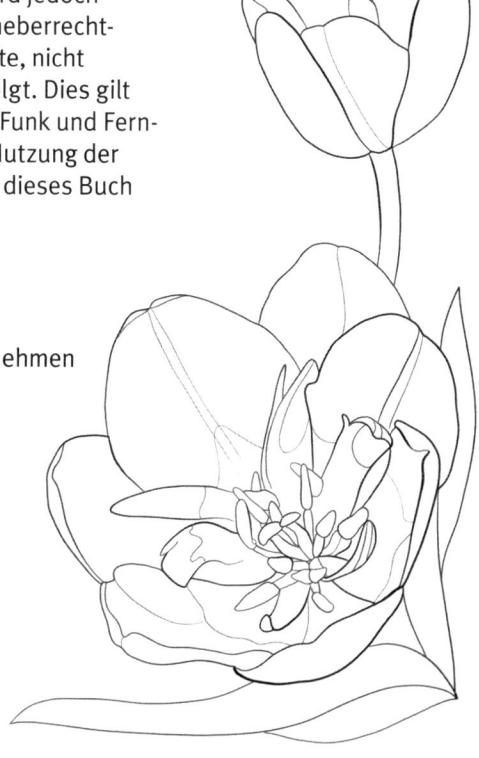